Laura Schriewer

Vergleich der Motive von Novalis „Wenn nicht mehr Zahlen und Figuren" mit den Motiven der Figuren Nathanael und Clara in E.T.A. Hoffmanns „Der Sandmann"

GRIN Verlag

Bibliografische Information der Deutschen Nationalbibliothek:

Die Deutsche Bibliothek verzeichnet diese Publikation in der Deutschen National-
bibliografie; detaillierte bibliografische Daten sind im Internet über http://dnb.d-
nb.de/ abrufbar.

Impressum:

Copyright © 2011 GRIN Verlag GmbH
Druck und Bindung: Books on Demand GmbH, Norderstedt Germany
ISBN: 978-3-656-34041-6

Dieses Buch bei GRIN:

http://www.grin.com/de/e-book/206630/vergleich-der-motive-von-novalis-wenn-
nicht-mehr-zahlen-und-figuren-mit

GRIN - Your knowledge has value

Der GRIN Verlag publiziert seit 1998 wissenschaftliche Arbeiten von Studenten, Hochschullehrern und anderen Akademikern als eBook und gedrucktes Buch. Die Verlagswebsite www.grin.com ist die ideale Plattform zur Veröffentlichung von Hausarbeiten, Abschlussarbeiten, wissenschaftlichen Aufsätzen, Dissertationen und Fachbüchern.

Besuchen Sie uns im Internet:

http://www.grin.com/

http://www.facebook.com/grincom

http://www.twitter.com/grin_com

1. Einleitung

In meiner Facharbeit werde ich mich mit der Novelle „Der Sandmann" von E.T.A. Hoffmann und mit dem Gedicht „Wenn nicht mehr Zahlen und Figuren" von Novalis beschäftigen. Zunächst möchte ich auf den Inhalt der beiden Materialien eingehen, bevor ich im nächsten Schritt die beiden Charaktere Nathanael und Clara sowie das Gedicht analysierend darstelle. Daraufhin werde ich die zuvor gewonnen Erkenntnisse bei der Analyse der Charaktere Nathanael und Clara aus „Der Sandmann" mit dem Gedicht „Wenn nicht mehr Zahlen und Figuren" vergleichen um in einem nächsten Schritt vor dem Hintergrund der literarischen Epoche der Romantik zu einer abschließenden Betrachtung zu kommen.

In der Novelle „Der Sandmann" von E.T.A. Hoffmann wird die Lebensgeschichte des Studenten Nathanael erzählt. Zunächst berichtet Nathanael in einem Brief an Lothar, den er irrtümlich an Clara sendet, über die traumatischen Erlebnisse in seiner Kindheit und den frühen Tod seines Vaters. Diese Erlebnisse führen zu seiner Psychose, einer schweren psychischen Krankheit. Infolge dieser Krankheit verliert Nathanael den Bezug zur Realität, verfällt immer mehr dem Wahnsinn und begeht am Ende der Novelle Selbstmord. Verantwortlich für seine Psychose ist der Advokat Coppelius, ein Freund seines Vaters. Der Anwalt misshandelte Nathanael in seiner Kindheit, da er ihn und seinen Vater bei alchimistischen Versuchen beobachtete. Nathanael lernt in seiner Universitätsstadt einen Optiker kennen, der ihn an Coppelius erinnert. Durch die Erscheinung des Optikers Guiseppe Coppola drängt sich sein psychisches Leiden in den Vordergrund. Daraufhin beginnt er mit dem Verfassen von düsteren Gedichten, in denen er sich mit seinen Problemen und Ängsten auseinandersetzt. Nathanael und seine Verlobte entfernen sich immer mehr voneinander, da sie ihn nicht in seinen Vorstellungen unterstützt, sondern seine Gedichte kritisiert. Nathanael wendet sich daraufhin Olimpia zu. Ihm wird jedoch erst bewusst, dass es sich bei ihr um eine Automatenfrau handelt als sich Professor Spalanzani und Coppola um ihren leblosen Körper streiten.

Im Verlauf der Geschichte wird nicht endgültig deutlich, ob Nathanaels Erzählungen der Wirklichkeit entsprechen, oder ob das Erzählte nur in seiner Vorstellung stattfindet.[1]

Das Gedicht „Wenn nicht mehr Zahlen und Figuren" von Novalis (Georg Friedrich Philipp Freiherr von Hardenberg) aus der Zeit der Frühromantik stellt den Wunsch der Poetisierung der Welt dar. Der Dichter möchte die Welt von der Wissenschaft befreien, sie

---

[1] vgl. Hoffmann 1991, S. 59f.

wieder in ihren Ursprungszustand zurückversetzen und wendet sich somit gegen die Vernunft der Aufklärung.

2. Analyse

2.1. Die Charaktere Nathanael und Clara

Die Hauptfigur Nathanael lebt als Student in einer Universitätsstadt. In seinem Heimatort wohnen seine Verlobte Clara, ihr Bruder Lothar und Nathanaels Mutter. Clara und Lothar sind die Kinder eines entfernten Verwandten, der verstarb und so seine Kinder zu Waisen machte. Nathanaels Mutter nimmt sie in die Familie auf und Clara und Nathanael verliebten sich ineinander.

Als Nathanael ein Kind ist, stirbt sein Vater während er mit seinem Bekannten Coppelius alchimistische Versuche durchführt. Nathanael gibt Coppelius die Schuld am Tod seines Vaters. Außerdem verbindet er Coppelius mit der Figur des Sandmanns aus einem schaurigen Märchen seiner Kindheit. Seine kindliche Neugierde bringt Nathanael in der Nacht vor dem Tod seines Vaters dazu, sich im Zimmer seines Vaters zu verstecken um in Erfahrung zu bringen, was dort jede Nacht vor sich geht. Seine Neugierde wird ihm zum Verhängnis, er fällt aus seinem Versteck und wird von dem entsetzten Coppelius misshandelt. Dieses Erlebnis zusammen mit dem Tod seines Vaters sind die Auslöser für seine Psychose, die ihn schließlich in den Selbstmord treiben wird.

Ein Einblick in Nathanaels Psyche verdeutlicht, dass sich durch die schrecklichen Erlebnisse in seiner Kindheit die Figur des Coppelius tief in Nathanaels Inneren verankert hat und auch in Momenten der Freude anwesend ist:

> „[…] aber dann und wann war es, als griffe eine schwarze Faust in ihr Leben und
> risse irgend eine Freunde heraus, die ihnen aufgegangen."[2]

Eine Begegnung mit einer Figur der Vergangenheit führt zu einer Verschlechterung der geistigen Psyche der Hauptfigur. Nathanael verbindet den Optiker Giuseppe Coppola, der an seiner Haustür Fernrohre verkauft, direkt mit dem Mann, der Jahre zuvor gelegentlich bei der Familie zu Mittag aß. Nathanael ist sich sicher, ihn an seinem Namen, seiner Figur und seinen Gesichtszügen erkannt zu haben. Das Erscheinen von Coppola weckt bei Nathanael die Erinnerung aus seiner Kindheit, sodass er trübsinnig und melancholisch wirkt. Außerdem bringt er zum Ausdruck, dass er den Tod seines Vaters rächen möchte.

Trotz allem kauft Nathanael Coppola ein Fernrohr ab. Infolge dessen verstärkt sich seine Psychose noch.

---

[2] Hoffmann 1991, S. 22

Gegenüber von Nathanaels Wohnung lebt Herr Spalanzani, Professor der Physik, mit seiner Tochter Olimpia. Seine Tochter hält der Professor vor allen Menschen versteckt im Haus. Nathanael beobachtet sie durch sein Fernrohr und bemerkt nicht, dass sie gar kein Mensch, sondern eine Puppe ist. Er verliebt sich in diese Puppe und wendet sich von seiner Verlobten ab. Dies zeigt eine Verschiebung in Nathanaels Realitätssinn. Außerdem stellt er seine Verlobte Clara als

> „lebloses, verdammtes Automat"[3]

dar und lobt Olimpia als gute Zuhörerin. Mit ihr als Partnerin kann er seine narzisstischen Bedürfnisse stillen, da sie ihm nicht widerspricht und keine Kritik an ihm übt, so wie Clara.

Nathanaels Wahrnehmung wird durch das Fernglas des Wetterglashändlers Coppola beeinflusst und außerdem auch durch die Psychose, die seinen Realitätsbezug verschiebt. Die Tatsache, dass Professor Spalanzani Nathanael ausnutzt um seine Puppe zu testen und Olimpia später zerstört wird, was Nathanael mit ansehen muss, löst bei ihm einen Wahnsinnsschub aus. Dies wird deutlich an seinen wirren Ausrufen und seiner Gewalttätigkeit:

> „ ,Hui – hui – hui! – *Feuerkreis* – *Feuerkreis*! dreh dich *Feuerkreis* – lustig – lustig! Holzpüppchen hui schön Holzpüppchen dreh dich -' damit warf er sich auf den Professor und drückte ihm die Kehle zu."[4]

Einen solchen Wahnsinnsschub erfasst ihn auch kurz vor seinem Selbstmord, als er seine Verlobte Clara durch sein Fernglas betrachtet, wie er es bei Olimpia immer getan hatte und sie auch so wahrnimmt wie Olimpia. Dies ist der Auslöser für seinen Sturz vom Ratsturm, der sein Leben beendet, wie er es schon vorher vorausgesehen hat:

> „Nur noch den schrecklichsten Moment meiner Jugendjahre darf ich Dir erzählen; dann wirst Du überzeugt sein, daß es nicht meiner Augen Blödigkeit ist, wenn mir nun alles farblos erscheint, sondern, daß ein dunkles Verhängnis wirklich einen trüben Wolkenschleier über mein Leben gehängt hat, den ich vielleicht nur sterbend zerreiße."[5]

Die Tatsache, dass er seinen Gefühlen nur schwer Ausdruck verleihen kann, ist ein weiterer wichtiger Charakterzug von Nathanael. Er fühlt sich nicht in der Lage über sie zu sprechen, da er seiner Meinung nach keine Worte findet, die zu seinem Gemütszustand passen. Daher schreibt er Erzählungen und Gedichte, die sein düsteres Leben beschreiben und liest sie Clara vor, was immer wieder zu Streit führt, da sie kritisch Stellung nimmt und so Nathanaels Selbstverliebtheit nicht unterstützt.

---

[3] Hoffmann 1991, S. 24
[4] Ebd., S. 36
[5] Ebd., S. 10

Im Verlauf der Novelle wird deutlich, dass sich Nathanaels Gemütszustand ständig ändert. Seine Psychose trägt also auch dazu bei, dass er sehr starke Stimmungsschwankungen hat. Dies wird darin deutlich, dass er mal anmutige und lebendige Erzählungen und mal düstere und wahnsinnige Märchen schreibt. Außerdem ist er sich nicht ganz im Klaren darüber, ob seine Dichtung eine gelungene, oder eher eine grauenvolle ist:

> „Als er jedoch nun endlich fertig worden, und das Gedicht für sich laut las, da faßte ihn Grausen und wildes Entsetzten und er schrie auf: ‚Wessen grauenvolle Stimme ist das?' – Bald schien ihm jedoch das Ganze wieder nur eine sehr gelungene Dichtung […]"[6]

Clara ist die Verlobte von Nathanael. Sie vertritt sehr aufgeklärte und realistische Ansichten. Sie wird als eine bodenständige junge Frau beschrieben, die nicht an übersinnliche Phänomene glaubt. Daher hält sie Nathanaels Dichtungen für „mystische Schwärmerei" und für „wahnsinnige Märchen [die] ins Feuer [gehören]". Sie nimmt zwar Anteil an Nathanaels Schicksal, der unter den Ereignissen in seiner Kindheit und dem Tod seines Vaters leidet und versucht ihn zu unterstützen, doch es gelingt ihr nicht. Clara kann sich nicht mit Nathanaels träumerischen und dunklen Mystik identifizieren. Dies hat zur Folge, dass sich beide immer mehr voneinander distanzieren:

> „(…) und so entfernten beide im Innern sich immer mehr voneinander, ohne es selbst zu bemerken"[7]

Clara ist davon überzeugt, dass Coppola nicht derjenige ist für den ihn Nathanael hält. Außerdem bringt sie ihren Realitätssinn auch damit zum Ausdruck, dass sie der Meinung ist, dass nur allein der Glaube Nathanaels an Coppelius die Figur des Advokaten stark macht. Clara ermahnt Nathanael zur Heiterkeit, denn nur so kann man die dunkle Macht aus seinem Inneren vertreiben.

> „Gibt es eine dunkle Macht, die so recht feindlich und verräterisch einen Faden in unser Inneres legt […] so muß sie in uns sich, wie wir selbst gestalten, ja unser Selbst werden; denn nur so glauben wir an sie […]. Haben wir festen durch das heitere Leben gestärkten, Sinn genug […] so geht wohl jene unheimliche Macht unter in dem vergeblichen Ringen nach der Gestaltung, die unser eignes Spiegelbild sein sollte."[8]

Aber auch Clara hat trotz ihrer rationalen und aufklärerischen Ansichten Interesse an der Kunst. Nathanaels „anmutige, lebendige Erzählungen"[9] aus der Zeit vor seiner schweren Psychose nimmt sie mit Begeisterung auf.

---

[6] Hoffmann 1991, S. 23
[7] Ebd., S. 22
[8] Ebd., S. 14
[9] Ebd., S. 22

2.2 Das Gedicht „Wenn nicht mehr Zahlen und Figuren"

Das Gedicht des Dichters Novalis „Wenn nicht mehr Zahlen und Figuren" aus der Zeit der Frühromantik handelt von dem Wunsch der Poetisierung der Welt. Es ist Teil von Georg Friedrich Philipp Freiherr von Hardenberg, so der bürgerliche Name des Dichters, 1802 entstandenen Romanfragments „Heinrich von Ofterdingen".

Das Gedicht besteht aus einer Strophe mit zwölf Versen. Das Reimschema ist ein Paarreim, wobei die Reime mit jeweils zwei aufeinanderfolgenden Versen gebildet werden. Das Versmaß ist ein vierhebiger Jambus. Das Gedicht besteht aus konditionalen Satzgefügen mit einer Schlussfolgerung in den letzten beiden Versen: Die Verwandlung ist an vier Bedingungen geknüpft, die mit der Anapher „Wenn" in den Versen eins, drei, fünf und sieben eingeleitet werden.

In den ersten beiden Versen des Gedichts geht es um die Wissenschaft als gegenwärtige Lösung für alle Vorgänge auf der Welt. In den nächsten beiden Versen wird die geistige Überlegenheit der Künstler gegenüber der Wissenschaftler verdeutlicht. Danach nennt der Dichter die Notwendigkeit der Befreiung der Welt von den Wissenschaften und verdeutlicht, dass es unumgänglich ist, die Geschichten des Lebens in der Lyrik wiederzufinden. Wenn diese Bedingungen erfüllt sind, wird die Wissenschaft von der Kunst vertrieben.

Der Dichter wendet sich mit dem Gedicht gegen die Aufklärung indem er die geistigen Fähigkeiten der Künstler als ausgeprägter beschreibt als die der Wissenschaftler. Daher soll die Welt von der Wissenschaft befreit werden und zu einer Welt der Poesie werden. Diese Wendung gegen die Aufklärung wird einleitend in den ersten beiden Versen des Gedichts verdeutlicht, die mit Rationalität und somit mit Hilfe der Wissenschaften „Zahlen und Figuren" (V.1), gegenwärtig die Welt zu deuten versucht: „Schlüssel aller Kreaturen" (V.2). Es ist davon auszugehen, dass mit Zahlen und Figuren auf die Mathematik und ihr Teilgebiet, die Geometrie, hingewiesen wird.[10] Vielmehr spricht er den Künstler und ihren Kunstwerken, die aus dem Gefühl herausgeschaffen sind, durch „Wenn die so singen, oder küssen" (V. 3) eine geistige Überlegenheit gegenüber den Wissenschaftlern, den rational Denkenden zu „Mehr als die Tiefgelehrten wissen" (V.4). Die gegenwärtige Welt dominiert von der Aufklärung sieht er als unfrei, nicht als etwas Vorgesehenes an. Es muss darum gehen, den Naturzustand, das Ursprüngliche wiederherzustellen: „Wenn sich die Welt ins freye Leben / Und in die Welt wird zurück begeben." (V.5f.). Dann werden auch

---

[10] Vgl. Kurzke 1988, S.11

die unklaren, verwirrenden Zustände, charakterisiert durch „Licht und Schatten"(V.7) sich wieder zu etwas Eindeutigen ergeben: „Zu ächter Klarheit wieder gatten" (V.8). „Licht" beschreibt den aufgeklärten Verstand, „Schatten" steht für das Mystische der Romantik. Die letzten vier Verse verdeutlichen die

> „[…] Sehsucht nach dem alten Wahren der Vorzeit, nach der wiederzurichtenden Welt der Märchen, schließlich ihre Hoffnung auf die wunderbare Verwandlung der Welt mit einem geheimen Zauberspruch".[11]

Wird die Welt wieder in den Naturzustand zurückgesetzt und die Rationalität der Aufklärung hinter sich gelassen, ist die Welt erklärbar „Erkennt die wahren Weltgeschichten" (V. 10) durch die Werke der Dichter „Und man in Mährchen und Gedichten" (V.9). Sind die Bedingungen erfüllt, die im Gedicht gestellt werden, genügt nur ein Wort des romantischen Dichters „Dann fliegt vor Einem geheimen Wort" (V.11) um die falschen Wissenschaften der Aufklärung zu überwinden und vergessen zu machen „Das ganz verkehrte Wesen fort" (V.12).

Im anschließenden Teil der Arbeit wird nun das Gedicht von Novalis mit den Figuren Nathanael und Clara aus „Der Sandmann" verglichen.

3. Vergleich der Figuren Clara und Nathanael mit dem Gedicht

Nathanael stellt in „Der Sandmann" das Prinzip der Romantik dar. Er verarbeitet sein Leben und seine Emotionen in seinen Gedichten. Durch sein psychisches Leiden nimmt er seine Gefühle stärker wahr:

> „Hast Du, Geneigtester! Wohl jemals etwas erlebt, das Deine Brust, Sinn und Gedanken ganz und gar erfüllte, alles andere daraus verdrängend? Es gärte und kochte in Dir, zur siedenden Glut entzündet sprang das Blut durch die Adern und färbte höher Deine Wangen […]"[12]

und drückt sie auch äußerlich aus:

> „[…] Tränen quollen ihm aus den Augen"[13]

Nathanael bevorzugt die Dichtung als Schlüssel zu seinem Verständnis der Welt und zu der Verarbeitung seiner Probleme. Er ist nicht empfänglich für Claras rationale Erklärungsversuche. Seine Verwendung der Poesie knüpft an die Vorstellung von Novalis an: „Wenn nicht mehr Zahlen und Figuren/ sind Schlüssel aller Kreaturen" (V.1f.) Nathanael wünscht sich, wie Novalis eine Welt in der das Wort der Poesie vorherrscht. Denn nur die Kunst kann ausdrücken, wie sich ein Mensch fühlt:

> „[…] Du suchst und suchst, und stotterst und stammelst, und die nüchternen Fragen der Freunde schlagen, wie eisige Windeshauche, hinein in Deine innere Glut, bis sie verlöschen will. Hattest Du aber wie ein kecker Maler, erst mit einigen verwegenen Strichen, den Umriß Deines inneren Bildes

---

[11] Kurzke 1988, S. 7
[12] Hoffmann 1991, S. 17
[13] Ebd., S. 23

hingeworfen [...] und sie sahen, wie Du, sich selbst mitten im Bilde, das aus deinem Gemüt hervorgegangen!"[14]

Nathanael studiert zwar an einer Universität, es wird aber deutlich, dass er den Wissenschaften nicht vertraut, denn er zieht es nicht in Betracht sich von der Medizin helfen und seine psychische Störung behandeln zu lassen. Er erkennt nicht, dass seine emotionale und sehr depressive Gemütslage einen medizinischen Grund haben kann.

Im Gedicht „Wenn nicht mehr Zahlen und Figuren" bringt Novalis seinen Wunsch hervor, die Geschichten des Lebens in Märchen und Gedichten wiederzufinden.

Nathanael verwirklicht dies, denn er schreibt ein Gedicht indem er sich seine Zukunft mit Clara vorstellt:

> „Es kam ihm endlich ein, jene düstre Ahnung, daß Coppelius sein Liebesglück stören werde, zum Gegenstande eines Gedichts zu machen."[15]

Dies verdeutlicht auch Nathanaels Einstellung zu Clara und zu ihrer Liebe. Nathanael vermutet zu diesem Zeitpunkt schon, dass ihre Liebe nicht für immer halten wird, da Clara eine kritische Haltung gegenüber seinen Gedichten pflegt. Auch seine Liebe zu Olimpia ist keine wahre Liebe, da sie nur ein Automat ist und somit Nathanael weder in seinen Vorstellungen unterstützen, noch kritisieren kann. Dies zeigt, dass die Liebe in Nathanaels Leben nicht die Lösung seiner Probleme sein kann. Im Gegensatz dazu werden in Novalis Gedicht „die Küssenden" als weise und als ein wichtiger Bestandteil der Romantisierung des Lebens und der Welt bezeichnet. Da dieser Bestandteil in Nathanaels Leben fehlt, kann er nicht ein harmonisches Leben im Sinne der Romantik führen.

Clara, als aufgeklärter und kritisch denkender Charakter, steht Nathanael und dem Gedicht konträr gegenüber. Sie vertritt die Meinung, dass Nathanaels Psychose aus einem Trauma entstanden ist. Sie ist nicht der Meinung, dass es richtig ist, seine Probleme von der Poesie lösen zu lassen. Außerdem kritisiert sie, dass Nathanael in seine Kunstwelt flieht und sich nicht mit der Realität auseinandersetzt. Clara kann sich nicht mit der Poesie identifizieren, was dazu führt, dass Nathanael und sie sich immer mehr voneinander distanzieren.

Im Gedicht wird die Kunst als klar beschrieben und dementsprechend empfindet Novalis die Wissenschaft als undurchsichtig und befremdlich. Claras Empfinden nach ist das Gedicht, was Nathanael schreibt, befremdlich und unheimlich:

> „ ‚Nathanael – mein herzlieber Nathanael! – wirf das tolle – unsinnige – wahnsinnige Märchen ins Feuer.'"[16]

---

[14] Hoffmann 1991, S. 17f.
[15] Ebd., S. 22
[16] Ebd., S. 24

Sie will Nathanael und sein Leben von der Poesie befreien. Novalis möchte das Gegenteilige bewirken. Er wünscht sich die Befreiung von der Wissenschaft, da er die von der Wissenschaft bestimmte Welt als eine verkehrte und entfremdete empfindet: „dann fliegt vor *einem* geheimen Wort / das ganze verkehrte Wesen fort" (V.11f.).

4. Abschließende Betrachtung

In der Novelle „der Sandmann" von E.T.A. Hoffmann und Novalis Gedicht „Wenn nicht mehr Zahlen und Figuren" sind unterschiedliche Motive der Aufklärung und Romantik verarbeitet.

Das Gedicht von Novalis beschreibt das Grundanliegen der Romantik: Die Sehnsucht nach einer poetisierten Welt. Durch die Werke der Künstler, die auf Gefühlen, Leidenschaften und auf dem individuellen Eindruck beruhen, ist die Welt erklärbar. Herangezogen werden alte Märchen und Geschichten, die noch vor der Aufklärung entstanden sind. Sie sind Kunstwerke aus einer Zeit die noch ohne die Hilfe der Wissenschaften die Welt erklärten. In der Novelle von E.T.A. Hoffmann werden die Motive der Frühromantik und die der Schwarzen Romantik beschrieben. Kennzeichnend für die Frühromantik ist die Erklärung des Lebens zum Kunstwerk und die Schöpfung neuer Weltperspektiven aus dem Geist der Kunst. In der Schwarzen Romantik verselbstständigt sich die Fantasie soweit, dass Wirklichkeit und Einbildungskraft ineinander übergehen.[17]

Die Frühromantik betreffend wird in „Der Sandmann" der Wunsch Nathanaels nach einem Leben in einer harmonischen Welt mit einer Partnerin, die ihn in seinen Vorstellungen unterstützt, geäußert. Dadurch, dass sich Nathanael jedoch in eine Automatenfrau verliebt und auf Grund seiner traumatischen Kindheit, die Auslöser für seine Psychose ist, werden Aspekte der Schwarzen Romantik mit einbezogen. Nathanael verliert sich zunehmend in Wahnvorstellungen, in einer poetischen Traumwelt und lässt seine Psychose von der Wissenschaft nicht behandeln, was letztendlich zu seinem Selbstmord führt.

Die Automatenfrau des Professors ist ein Beispiel für die rein wissenschaftliche Sicht auf die Welt. Sie verdeutlicht, dass die falsche und unethische Anwendung der Technik schlimme Folgen haben kann. Clara vertritt durch ihre Bodenständigkeit und Besonnenheit das Prinzip der Aufklärung. Sie lässt sich nicht auf Nathanaels Gefühle ein, da sie in ihnen eine Krankheit erkennt.

---

[17] Vgl. Jeßing und Köhnen 2007, S.50

5. Literaturverzeichnis

Primärliteratur:

Hoffmann, E.T.A. (1991): *Der Sandmann.* Stuttgart.

Sekundärliteratur:

Jeßing, Benedikt und Ralph Köhnen (2007): *Einführung in die Neuere deutsche Literaturwissenschaft.* 2., aktualisierte und erweiterte Auflage, Stuttgart.

Kurzke, Hermann (1988): *Novalis.* München.